TENHO MAIS MONSTROS NA BARRIGA

TONIA CASARIN

5ª edição
2025

Produção Editorial
Fernanda Cosenza

Revisão
Guilherme Semionato

Projeto Gráfico
Deniz Göknel

Ilustrações
Heloisa Mesquita

@toniacasarin | @meusmonstrinhos
@toniacasarin | @tenhomonstrosnabarriga
Tenho Monstros na Barriga
www.toniacasarin.com.br

MISTO
Papel | Apoiando o manejo florestal responsável
FSC® C100700
www.fsc.org

A todas as crianças que
pediram mais monstros.
Ao Carlos, que ganha
um monstro
especial nesse livro.

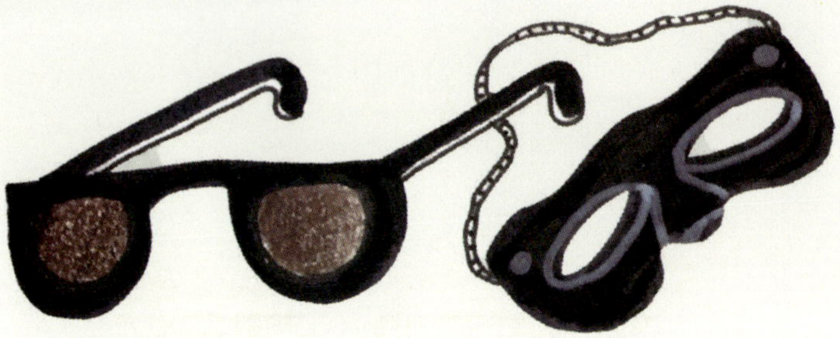

Em primeiro lugar, deixe eu me apresentar...

...eu sou o Marcelo.

Dentro de mim existem muitos monstrinhos. Alguns são mais animados, outros são mais moribundos. Eles me fazem navegar pelo mundo dos sentimentos.

Depois que contei algumas aventuras dos monstrinhos, descobri que muitas outras pessoas têm monstros na barriga, até os adultos. Foi engraçado ver que eles também têm medo, que ficam alegres quando seus filhos estão alegres, e que têm seus próprios monstrinhos.

E sabe de uma coisa? Eu descobri outros tantos monstros aqui dentro de mim.

Existe um monstrinho parecido com o da alegria, só que mais sereno; um outro que lembra o monstrinho do medo, mas meio disfarçado. Tem ainda um que é igual ao monstrinho do orgulho, só que de cabeça para baixo!

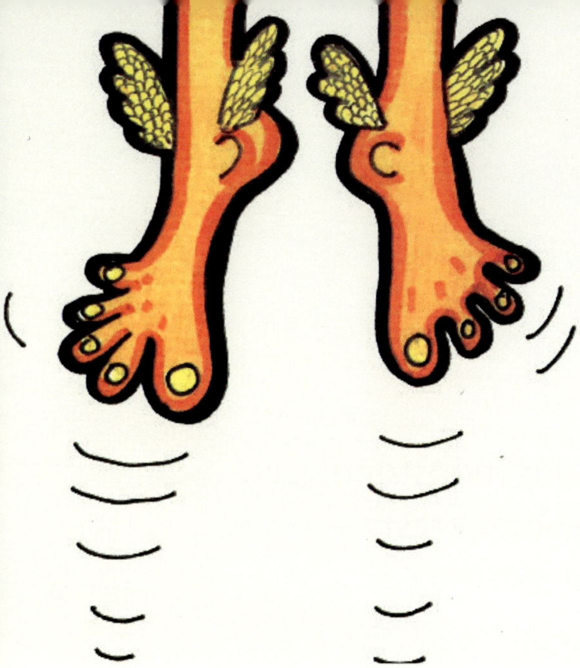

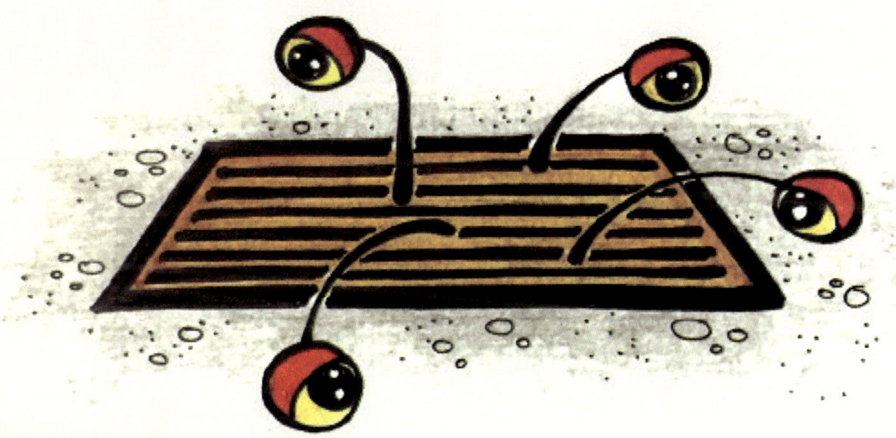

Muitos dos monstrinhos eu sinto quando presto atenção em mim mesmo.

Outras tantas vezes eles aparecem quando me relaciono com alguém.

Pode ser quando estou com um amigo, falando com minha mãe ou brincando com meu pai. Você vai perceber isso.

Vou contar para você sobre cada um desses monstrinhos novos que encontrei aqui dentro.

E quero que você me conte sobre os seus também, combinado?

Tenho um monstrinho imenso dentro de mim.
Ele é grande, enorme, parece um gigante.
Ocupa toda a minha barriga, mas não me incomoda.

Pelo contrário, ele me preenche. Aparece em momentos surpreendentes. Às vezes ele surge quando estou em casa, assim, sem fazer nada, observando meus pais. Mesmo que a gente esteja junto todos os dias, quando estou na companhia desse monstrinho, sinto um carinho profundo por eles.

Mas não é qualquer carinho, não, daqueles que você sente quando vê um cachorrinho fofo na rua. É um cuidado extremo com eles, uma vontade de estar junto o tempo todo.

Uma sensação de bem-estar intensa.

Sinto que eles são especiais para mim. Assim como a minha irmã, minha avó e meu primo. Ah, e uma menina da minha sala na escola... mas isso é outra história!

Esse é o monstrinho do AMOR.

ANTENAS NA CABEÇA PARA CAPTAR AS EMOÇÕES AMOROSAS
OLHOS GRANDES E DOCES
CORPO GRANDÃO E FOFÃO, BOM DE APERTAR E SER APERTADO

Como é o seu monstrinho do AMOR?

Quando ele aparece?

Como você sabe que alguém está com o monstrinho do AMOR na barriga?

Se o monstrinho do AMOR tivesse cheiro, ele teria cheiro de quê?

E se ele fosse uma comida, que gosto teria?

De que cor é o seu monstrinho do AMOR?

Desenhe o seu monstrinho do AMOR:

Tem um monstrinho que vive na minha escuridão interna. Ele não tem amigos. Parece que gosta de ficar sozinho e de viver em um lugar vazio, onde não tem ninguém. Quando ele surge, meu corpo parece que esfria, como se fosse atingido por um raio congelante no meio das geleiras da Antártica.

De certa forma, esse monstrinho tem o poder de fazer o tempo passar mais lentamente. E de criar seu próprio mundo, oco, num buraco negro do universo.

O mais interessante desse monstrinho é que ele pode ser contraditório. Vou explicar: ele pode surgir mesmo quando você está cheio de gente à sua volta.

Na primeira semana de aula da minha escola nova, esse monstrinho apareceu. Bem na hora do recreio! O pátio estava lotado de crianças que brincavam de pique, de queimado e de jogar bola de um lado para o outro.

Mesmo parecendo que eu estava em um formigueiro, cheio de crianças, era como se eu não existisse. Pensei que talvez eu pudesse ser uma outra espécie de formiga, que estivesse no lugar errado. Senti um imenso vazio por estar ali, cheio de gente ao meu redor, mas me sentindo sozinho.

Esse é o monstrinho da SOLIDÃO.

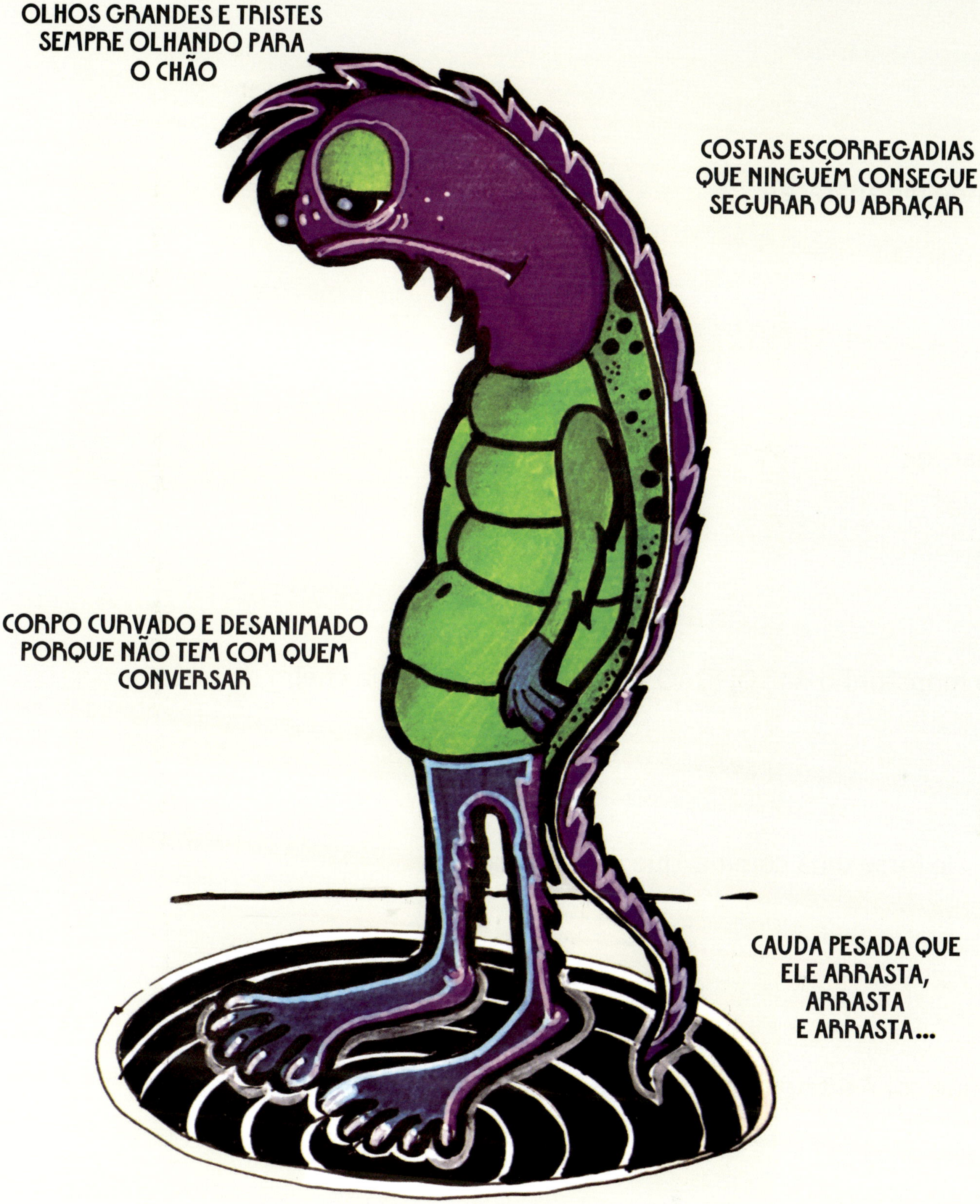
OLHOS GRANDES E TRISTES SEMPRE OLHANDO PARA O CHÃO
COSTAS ESCORREGADIAS QUE NINGUÉM CONSEGUE SEGURAR OU ABRAÇAR
CORPO CURVADO E DESANIMADO PORQUE NÃO TEM COM QUEM CONVERSAR
CAUDA PESADA QUE ELE ARRASTA, ARRASTA E ARRASTA...

Como é o seu monstrinho da SOLIDÃO?

Quando ele aparece?

Como você sabe que alguém está com o monstrinho da SOLIDÃO na barriga?

Se o monstrinho da SOLIDÃO tivesse cheiro, ele teria cheiro de quê?

E se ele fosse uma comida, que gosto teria?

De que cor é o seu monstrinho da SOLIDÃO?

Desenhe o seu monstrinho da SOLIDÃO:

Descobri um monstrinho sobre o qual ninguém gosta de falar. Todo mundo tem, mas ninguém admite. Parece que não é aceito pelos adultos. As pessoas falam como se ele não existisse.
E, quando não tem jeito, dizem que é o monstrinho branco, como se assim fosse melhor.

Ele costuma aparecer quando eu quero para mim o que o meu amigo tem: o tênis dele, a casa dele, as conquistas dele.

Na competição de natação de que eu participei no ano passado, esse monstrinho apareceu na hora da cerimônia do pódio.
Assim que meu colega subiu no primeiro lugar para receber a medalha de ouro, esse monstrinho se manifestou, de forma repentina.

Queria que aquele título de campeão tivesse sido meu. Queria aquela medalha para mim. Queria todo mundo gritando meu nome. Queria que os aplausos fossem para mim. Queria ser o campeão de natação da cidade, mas sem ter que treinar todos os dias como ele fazia, sem ir a todas as aulas, sem entrar na água fria da piscina no inverno.
Acho que esse monstrinho é assim.
Quer para ele o que é do outro ou o que o outro conseguiu, mas sem fazer esforço algum.

Esse é o monstrinho da INVEJA.

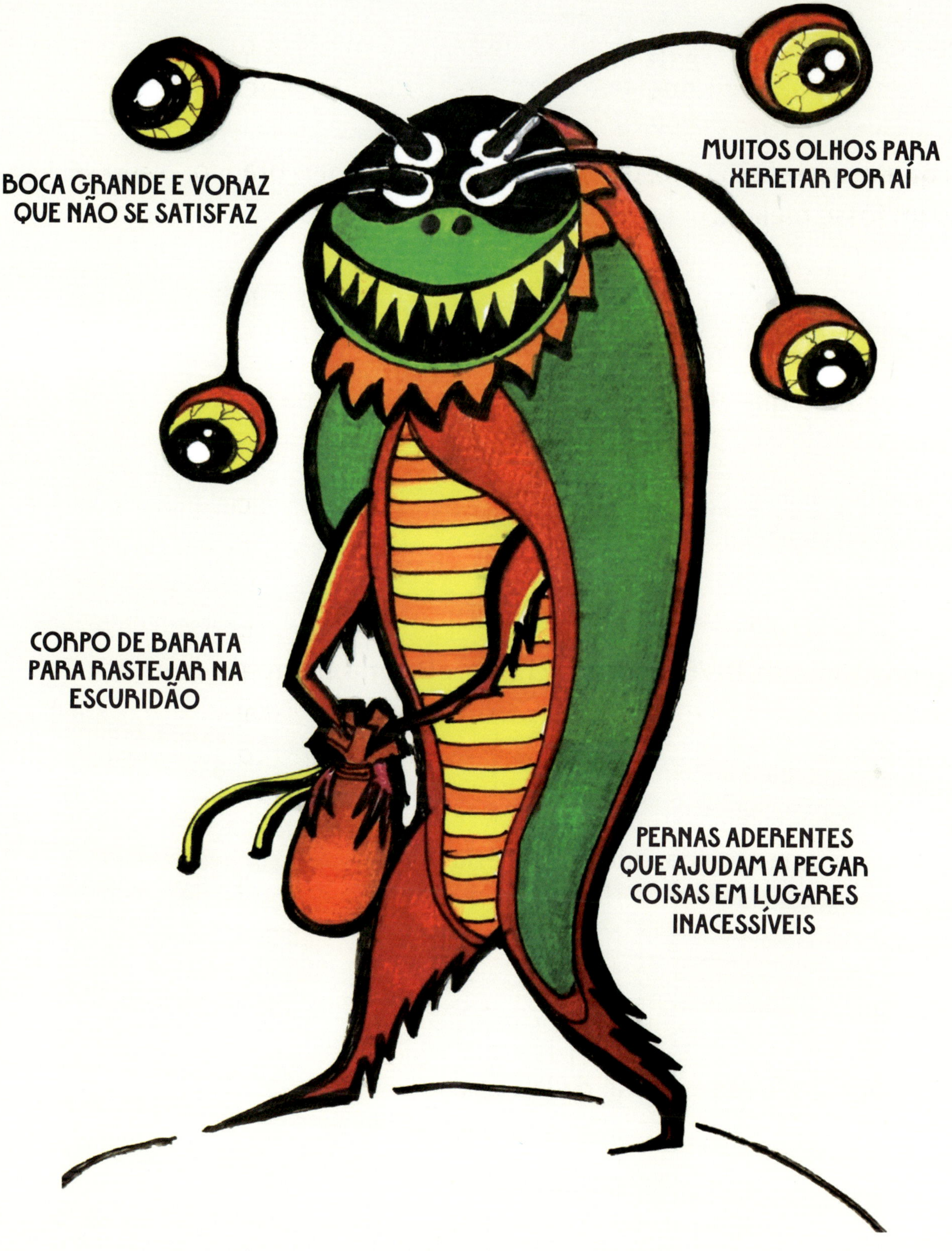
BOCA GRANDE E VORAZ QUE NÃO SE SATISFAZ
MUITOS OLHOS PARA XERETAR POR AÍ
CORPO DE BARATA PARA RASTEJAR NA ESCURIDÃO
PERNAS ADERENTES QUE AJUDAM A PEGAR COISAS EM LUGARES INACESSÍVEIS

Como é o seu monstrinho da INVEJA?

Quando ele aparece?

Como você sabe que alguém está com o monstrinho da INVEJA na barriga?

Se o monstrinho da INVEJA tivesse cheiro, ele teria cheiro de quê?

E se ele fosse uma comida, que gosto teria?

De que cor é o seu monstrinho da INVEJA?

Desenhe o seu monstrinho da INVEJA:

Descobri outro dia um monstrinho tão pequeno, mas tão pequeno, que me faz querer diminuir junto com ele. Às vezes, minhas bochechas ficam rosadas quando ele surge. E, mesmo esse monstrinho sendo bem reduzido, ainda tenho vontade de me cobrir.
Para ter certeza de que ninguém me veja.

Esse monstrinho aparece quando minha prima pede para eu imitar meu personagem preferido na frente de todo mundo no almoço de família. Ela acha que eu faço a voz igual à dele, mas fico acanhado só de imaginar o que os outros vão pensar.

Quando tem uma apresentação de final de ano na escola, em que todos os familiares estão na plateia e eu tenho que cantar, esse monstrinho pula dentro de mim. Fico constrangido de ser o centro das atenções de todo mundo ali. Ele é como o monstrinho do orgulho, só que do lado do avesso. Ele também aparece quando o meu pai resolve chamar a minha atenção na frente dos meus amigos. Nessa hora, o monstrinho fica enorme e eu quero desaparecer.

Esse é o monstrinho da VERGONHA.

CABEÇA DE CONCHA
PARA SE FECHAR

O CORPO PARECE UM
SACO DE PAPEL PARA
TENTAR SE ESCONDER

SE SENTE TODO ATRAPALHADO,
TROCANDO OS PÉS PELAS MÃOS

Como é o seu monstrinho da VERGONHA?

Quando ele aparece?

Como você sabe que alguém está com o monstrinho da VERGONHA na barriga?

Se o monstrinho da VERGONHA tivesse cheiro, ele teria cheiro de quê?

E se ele fosse uma comida, que gosto teria?

De que cor é o seu monstrinho da VERGONHA?

Desenhe o seu monstrinho da VERGONHA:

Tem um monstrinho que aparece todas as vezes que fico alguns dias longe dos meus pais. Seja quando eu vou dormir na casa de um amigo, seja quando eles saem e dormem mais de um dia fora de casa. É como se eu quisesse que eles estivessem aqui, mas eles não estão. Sinto um aperto dentro do peito.

Esse monstrinho fica enchendo minha cabeça de memórias. Eu me lembro de quando fui com o papai e a mamãe passear na praça naquele fim de semana. De quando o papai me ensinou a andar de bicicleta. Ou de quando eles me colocam para dormir e leem histórias… E, quanto mais lembranças eu tenho, maior fica esse monstrinho.

Lembro do cheirinho do meu ursinho de pelúcia favorito. Dos bolinhos de chuva que a vovó fazia só para mim. Do cheiro de terra molhada que sentia quando chovia na casa dos meus tios no interior. E do calorzinho do sol no final de tarde na poltrona da minha casa antiga.

Esse monstrinho também aparece quando me lembro do meu avô. Ele sempre tinha o meu sorvete favorito em casa. Era tão bom! E ele fazia questão de mexer bem rapidinho para que a bolinha do sorvete ficasse cremosa. Eu adorava! Meu vovô faleceu ano passado, e me lembrar dele faz esse monstrinho aparecer. É como sentir falta da presença de alguma coisa.

Esse é o monstrinho da SAUDADE.

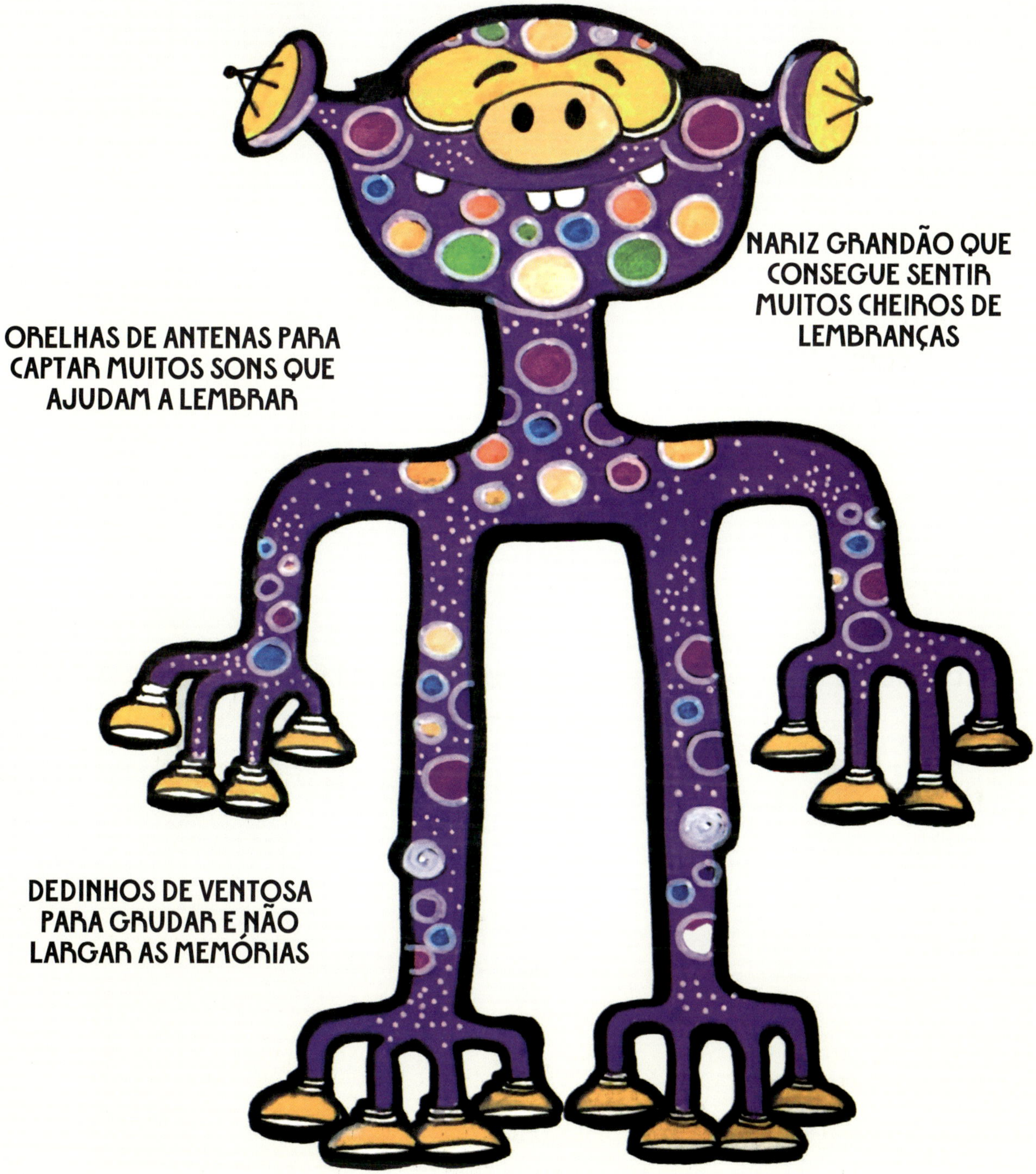
NARIZ GRANDÃO QUE
CONSEGUE SENTIR
MUITOS CHEIROS DE
LEMBRANÇAS
ORELHAS DE ANTENAS PARA
CAPTAR MUITOS SONS QUE
AJUDAM A LEMBRAR
DEDINHOS DE VENTOSA
PARA GRUDAR E NÃO
LARGAR AS MEMÓRIAS

Como é o seu monstrinho da SAUDADE?

Quando ele aparece?

Como você sabe que alguém está com o monstrinho da SAUDADE na barriga?

Se o monstrinho da SAUDADE tivesse cheiro, ele teria cheiro de quê?

E se ele fosse uma comida, que gosto teria?

De que cor é o seu monstrinho da SAUDADE?

Desenhe o seu monstrinho da SAUDADE:

Existe também um monstrinho que é um pouco agitado, mas que ao mesmo tempo pode fazer com que eu me sinta paralisado. De certa forma, é até parecido com o monstrinho do medo.

É como se ele quisesse fazer alguma coisa que nunca fez antes, mas não sabe ao certo o que vai acontecer. É querer muito fazer algo, mas as interrogações ficam surgindo na cabeça. É querer que o tempo passe mais rápido. É quando a cabeça fica cheia de receios. É quando aparecem dilemas que são difíceis de resolver. E quando a apreensão é forte.

Uma vez, meu melhor amigo me convidou para dormir na casa dele. Eu estava muito animado de poder brincar o tempo todo lá. Mas aí esse monstrinho apareceu. Fiquei pensando que nunca tinha dormido longe dos meus pais. E se eu sentisse saudade deles? E se eu cansasse de brincar com meu amigo? E se eu quisesse voltar para casa? E se eu tivesse um pesadelo? Toda aquela euforia de passar o dia com meu amigo se misturou com todas essas perguntas na minha cabeça.

Esse monstrinho também aparece quando tenho uma excursão da escola. A vontade de fazer aquele passeio com os meus colegas de turma fica cada vez maior. Tão grande que não consigo esperar o tempo passar, quero adiantar o relógio e acelerar os dias. Quero fazer o truque dos filmes que, num passe de mágica, fazem passar uma semana em um minuto. Aquela vontade toda de estar com meus amigos invade minha cabeça e o monstrinho fica inquieto.

Esse é o monstrinho da ANSIEDADE.

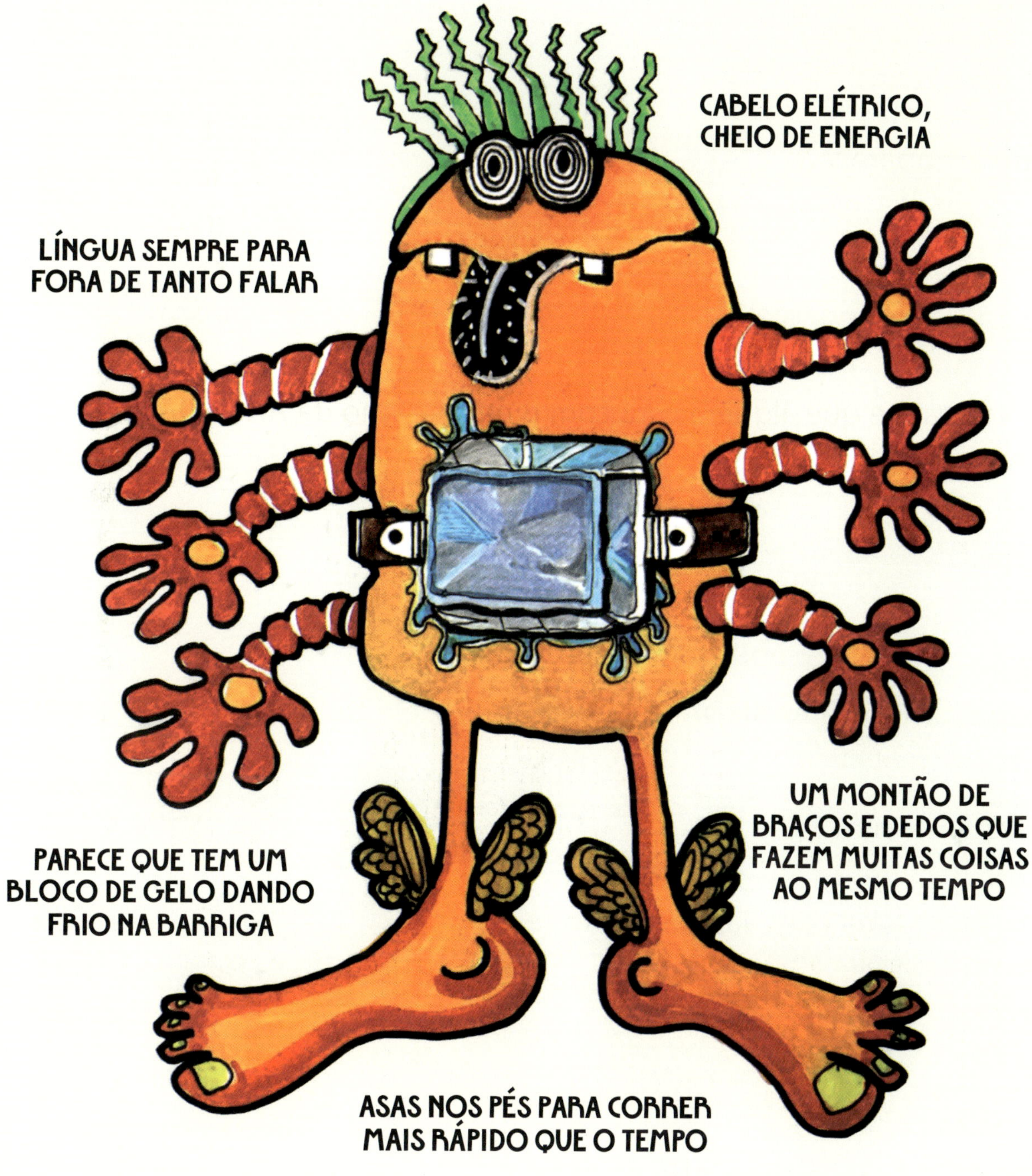
CABELO ELÉTRICO,
CHEIO DE ENERGIA
LÍNGUA SEMPRE PARA
FORA DE TANTO FALAR
UM MONTÃO DE
BRAÇOS E DEDOS QUE
FAZEM MUITAS COISAS
AO MESMO TEMPO
PARECE QUE TEM UM
BLOCO DE GELO DANDO
FRIO NA BARRIGA
ASAS NOS PÉS PARA CORRER
MAIS RÁPIDO QUE O TEMPO

Como é o seu monstrinho da ANSIEDADE?

Quando ele aparece?

Como você sabe que alguém está com o monstrinho da ANSIEDADE na barriga?

Se o monstrinho da ANSIEDADE tivesse cheiro, ele teria cheiro de quê?

E se ele fosse uma comida, que gosto teria?

De que cor é o seu monstrinho da ANSIEDADE?

Desenhe o seu monstrinho da ANSIEDADE:

Eu tenho um monstrinho na minha barriga que não consegue olhar no olho de ninguém. Ele aparece quando sei que fiz algo errado. Quando sei que tem uma regra, mas finjo que ela não existe. Ou quando desobedeço aos meus pais e meus professores.

Eu já sei que não devo jogar bola dentro de casa. Mas é praticamente impossível resistir. Parece que ela me chama. Começo a quicar a bola sem parar e fico andando pela casa. Assim eu treino para o basquete. Mas eu sempre acabo me distraindo e... pronto! A bola bate na estante e quebra o objeto mais bonito da sala. E esse monstrinho aparece em mim na mesma hora.

Ele é bem desagradável, e sei que não quero mais ele aparecendo na minha barriga. Muitas vezes eu quero colocá-lo em outra pessoa, ou até no cachorro! Mas aprendi que tem uma palavrinha mágica que ajuda ele a ir embora. É a famosa "desculpa".

Esse é o monstrinho da CULPA.

CORPO DE CONCHA PARA SE ESÇONDER QUANDO ESTÁ ARREPENDIDO
PÉS VIRADOS PARA TRÁS PARA RECUAR E SAIR DE FININHO SEM SER VISTO

Como é o seu monstrinho da CULPA?

Quando ele aparece?

Como você sabe que alguém está com o monstrinho da CULPA
na barriga?

Se o monstrinho da CULPA tivesse cheiro, ele teria cheiro de quê?

E se ele fosse uma comida, que gosto teria?

De que cor é o seu monstrinho da CULPA?

Desenhe o seu monstrinho da CULPA:

Aqui na minha barriga vive um monstro que precisa entender que não se pode controlar tudo. Tem coisas na vida que não dá para mudar. E a gente não consegue sempre tudo o que deseja. Ele se parece um pouco com o monstrinho da raiva, só que mais desapontado e insatisfeito.

Toda vez que eu e um amigo brincamos com um jogo de tabuleiro, ou quando vou competir contra outro time na escola, sei que esse monstrinho pode surgir. Se eu perco, é certo que ele vai aparecer na minha barriga.

Ele também aparece quando eu vou mostrar para o meu irmão o desenho que eu fiz, com muito capricho, e ele não fala nada. Parece que não valoriza a minha criatividade. Também acontece quando eu não ganho o brinquedo com que estava sonhando.

É como não conseguir algo que você quer muito. É uma sensação de insatisfação. Um sentimento de decepção. Mas esse monstrinho me faz entender que eu não posso ter tudo o que quero, que não vou ganhar todas as partidas de jogo e que não dá para controlar tudo na vida.

Esse é o monstrinho da FRUSTRAÇÃO.

OLHOS CAÍDOS, TRISTES
E UM POUCO ZANGADOS
CORPO QUE SE ENCOLHE
TODO QUANDO FICA
EMBURRADO
NÃO TEM DEDOS, SÓ
PUNHOS QUE QUEREM
SOCAR

Como é o seu monstrinho da FRUSTRAÇÃO?

Quando ele aparece?

Como você sabe que alguém está com o monstrinho da FRUSTRAÇÃO na barriga?

Se o monstrinho da FRUSTRAÇÃO tivesse cheiro, ele teria cheiro de quê?

E se ele fosse uma comida, que gosto teria?

De que cor é o seu monstrinho da FRUSTRAÇÃO?

Desenhe o seu monstrinho da FRUSTRAÇÃO:

Todas essas experiências me deixam surpreso. Quantos monstrinhos eu tenho aqui dentro! Sei que vou sempre aprender mais e mais sobre os monstrinhos que vivem em mim.

E, em cada situação nova que eu viver, pode ser que eu conheça um monstrinho diferente.

Que outros monstrinhos você conhece? Que tal desenhá-los aqui?

Conhecendo a autora

Tonia Casarin nasceu em Petrópolis, no estado do Rio de Janeiro, e concluiu seu Mestrado em Educação pelo Teachers College da Universidade de Columbia, em Nova York.

É apaixonada por crianças e pelas emoções que vivem dentro de cada um de nós.

@toniacasarin
www.toniacasarin.com.br